Uta Kropp

Kräuter die es in sich haben

Mein kleines Kräuterbuch

Bibliografische Information der Deutschen Nationalbibliothek

Die Deutsche Nationalbibliothek verzeichnet diese Publikation in der deutschen Nationalbibliografie; detaillierte bibliografische Daten sind im Internet über http://dnb.d-nb.de abrufbar

Verlag: BoD • Books on Demand GmbH, In de Tarpen 42, 22848 Norderstedt
Druck: Libri Plureos GmbH, Friedensallee 273, 22763 Hamburg

ISBN: 978-3-7583-4262-2

Inhalt

	Seite
Bergbohnenkraut	7
Brennnessel	8
Brombeerblätter	9
Erdbeerblätter	10
Gänseblümchen	11
Giersch	12
Himbeerblätter	13
Kamille	14
Kapuzinerkresse	15
Lavendel	16
Löwenzahn	17
Oregano	18
Pfefferminze	19
Ringelblume	20
Rosmarin	21
Salbei	22
Thymian	23
Zitronenmelisse	24
Buchvorstellungen	26

Wir sind schon viele Jahre Gartenbesitzer und haben immer noch Freude an selbst angebautem Obst, Gemüse und frischen Kräutern. Frischer geht es nicht, da kommt keine Ware aus dem Supermarkt mit. Viele Kräuter die in unserem Garten wachsen, sind nicht nur lästiges Unkraut (wie zum Beispiel Giersch), nein, die meisten von ihnen haben auch eine Heilwirkung und können unserem Körper und unserem Wohlbefinden guttun.

Ich habe auf den nachfolgenden Seiten einfach mal ein paar von den Kräutern zusammengetragen, die wir in unserem Garten haben und die ich regelmäßig trockne und immer einen kleinen Bestand davon zu Hause im Regal stehen haben.

Vielleicht kommt der eine oder andere beim Lesen auch auf den „Geschmack" und lässt sich dadurch inspirieren, mit mehr Aufmerksamkeit durch die Natur zu gehen.

Deshalb möchte ich besonders auf die Heilwirkung dieser Kräuter hinweisen.

Bergbohnenkraut

Bergbohnenkraut kann im Frühjahr durch Samen vermehrt werden, oder der Wurzelstock wird einfach geteilt und man erhält dadurch Stecklinge.

Vor oder während der Blütezeit kann es geerntet werden. Sommer-Bohnenkraut wird während der Sommerzeit geerntet und Winter-Bohnenkraut kann ganzjährig geerntet werden. Die Zweige werden kurz über dem Boden abgeschnitten, die Stiele gebündelt und kopfüber zum Trocknen aufgehangen. Nach dem Trocknen lassen sich die Blätter leicht abstreifen und in verschlossenen Dosen verpackt hält sich der Geschmack länger. Ähnlich wie das einjährige Bohnenkraut kann das Bergbohnenkraut zu Bohnen, Kartoffeln und Eintöpfen verwendet werden. Durch den würzigen Geschmack passt es auch sehr gut zu Lamm- und Wildgerichten.

Heilwirkung

Durch die ätherischen Öle und Gerbstoffe wirkt sich das Winter-Bohnenkraut positiv auf den Magen-Darm-Bereich aus. Die Verdauung wird gefördert und es hilft, Krämpfe und Blähungen zu lösen. Als Badezusatz verwendet wirkt es hustenlösend.

Brennnessel

Mit Brennnesseln haben wir alle sicherlich schon unsere mehr oder weniger schmerzhaften Erfahrungen gemacht. Aber dieses Kraut hat weit mehr zu bieten, als nur ihre brennenden Haare.

Neben den Mineralien Kalzium, Magnesium, Kalium, Eisen und Silicium ist die Brennnessel eiweißreich und enthält die Vitamine A und C sowie Vitamin E. Die Blätter schmecken spinatähnlich und die Samen nussig.

Brennnessel kann als Würzkraut zu Speisen mit Eiern aber auch in Suppen und Pastagerichten verwendet werden. Auch in Gemüse-säften findet sie Verwendung und natürlich getrocknet als Tee.

Heilwirkung

Die Brennnessel wirkt stoffwechselanregend, blutreinigend und harntreibend (entwässernd). Sie wird auch bei rheumatischen Beschwerden eingesetzt.

Brombeerblätter

Kaum jemand weiß, dass die Brombeere eine der ältesten Arznei- und Kulturpflanzen ist.

Nicht nur die Früchte sind köstlich, auch die Blätter können als Heilpflanze genutzt werden.

Durch die in den Brombeerblättern enthaltenen Gerbstoffe haben sie eine zusammenziehende (adstringierende) Wirkung.

Heilwirkung

Ein aus den Blättern zubereiteter Tee kann bei leichtem Durchfall hilfreich sein. Auch bei Schleimhautentzündungen im Mundbereich hilft eine Spülung aus Brombeerblättertee. Bei Magen-Darm-Grippe oder Reisedurchfall sowie Schleimhautentzündungen im Mund und Rachenraum werden die Blätter der Brombeere empfohlen.

Erdbeerblätter

Ob Walderdbeeren oder unsere Gartenerdbeeren, die meisten Wirkstoffe befinden sich in den Blättern. Neben Gerbstoffen enthalten
sie auch Flavonoide. Sie sollten einen festen Platz in der unserer
Hausapotheke haben. Auch in Ergänzung mit anderen Kräutertees
ist Erdbeerblättertee gut verwendbar.

Heilwirkung

Erdbeerblättertee wirkt harntreibend und hat zusammenziehende
Eigenschaften. Er ist blutreinigend und wirkt sich positiv auf unser
Immunsystem aus. Regelmäßig über einige Wochen getrunken, hat
er einen positiven Einfluss bei Magen-Darm-Beschwerden und
Hämorrhoiden. Nicht nur bei Durchfall, auch bei Beschwerden im
Mund- und Rachenraum wirkt Erdbeerblättertee positiv. Er unter-
stützt unsere Drüsentätigkeit und hilft dabei, giftige Stoffe aus dem
Körper auszuscheiden, was sich positiv auf die Nieren- und Blasen-
tätigkeit, die Galle und eine kranke Leber auswirkt.

Gänseblümchen

Jeder kennt das Gänseblümchen, dass sehr zahlreich auf unseren Wiesen zu finden ist. Nur wenige wissen, dass neben den Blüten und den Blütenknospen auch die Blätter essbar sind. Während die Blüten vom Geschmack eher nussig schmecken, erinnern die Blätter geschmacklich an Sauerampfer. In der Küche sind Gänseblümchen für fast alles verwendbar (Kräuterquark, Kräuterbutter, Frischkäse, als Dekoration – die Liste ist lang). Geerntet werden können die Blüten ganzjährig. Manche kennen das Gänseblümchen auch unter der Bezeichnung Maßliebchen.

Heilwirkung

Als Heilpflanze kann das Gänseblümchen bei Hautproblemen, Gelenkschmerzen und Husten verwendet werden.

Giersch oder auch „Zipperleinskraut" genannt.

Der Feind aller Gärtner. Wer kennt dieses Kraut nicht, es überwuchert unsere Gärten und macht alles andere kaputt. Aber es hat auch durchaus positive Eigenschaften. Einfach aufessen, ist der beste Tipp bei Giersch, denn er ist sehr gesund. Die Blätter sind reich an Vitamin C, Magnesium, Kalzium und Eisen. Giersch erkennt man gut an dem dreikantigen Blattstiel, dem dreiteiligen Blatt und dem oberen dreigeteilten Einzelblatt. Deshalb merkt man sich bei Giersch auch: Drei, drei, drei, beim Giersch bist du dabei.

Heilwirkung

Um Harnsäure abzuleiten, wird aus jungen Blättern ein Tee zubereitet. Giersch bedeutet auch „Gichtheilerin". Giersch im Mixer zerkleinert und einem Glas Wasser beigemischt schmeckt nicht nur, sondern ist wie der Teeaufguss, auch sehr gesund.

Himbeerblätter

Auch hier sind es nicht nur die Früchte, die brauchbar sind. Himbeerblättertee ist reich an Vitaminen, Kalzium und Eisen.

Heilwirkung

Der Tee aus Himbeerblättern soll eine krampflösende Wirkung haben.

Kamille

Aufgrund seiner milden Inhaltsstoffe ist Kamillentee auch für Kinder geeignet.

Heilwirkung

Äußerlich angewendet werden Kamillenblüten-Aufgüsse bei Wunden und entzündeten Stellen. Auch als Badezusatz wird Kamille gerne genommen. Kamillenblüten haben eine entzündungshemmende, krampflösende, beruhigende und antibakterielle Wirkung. Kamille wird deshalb auch als natürliches Antibiotikum bezeichnet. Die Blüten können bei Magen-Darm-Problemen und Erkältungen angewendet werden. Auch bei Entzündungen der Augen und der Haut wirken sie lindernd.

Kapuzinerkresse

Hier sind sowohl die Blüten wie auch die Blätter essbar. Die Blüten werden gerne als Dekoration für Speisen verwendet. Die Blätter werden gerne roh als Würzkraut für Salat, Quark und Kräuterbutter verwendet.

Heilwirkung

Auch die Kapuzinerkresse wird als natürliches Antibiotikum bezeichnet. Die Blätter enthalten gesunde Senföle, die bei Erkältungskrankheiten gegen Bakterien und Viren helfen.

Lavendel

Lavendel bereichert unsere Gärten nicht nur optisch, er duftet auch fantastisch. Die ätherischen Öle aus den Blüten und Blättern wirken beruhigend. Die Öle werden als Duftstoffe in der Parfümindustrie verwendet. Lavendelblüten werden in der Küche gerne zum Verfeinern von Soßen und Süßspeisen verwendet. Neben diesen Eigenschaften ist Lavendel auch schon lange als Heilpflanze bekannt. Das Ernten von Lavendel wird am frühen Morgen empfohlen.

Heilwirkung

Lavendelöl kann zur Wundheilung eingesetzt werden. Lavendeltee ist als altes Hausmittel bekannt. Er lindert die verschiedensten Beschwerden. Vor dem Schlafengehen einen Lavendeltee trinken, wirkt entspannend und fördert einen gesunden Schlaf. Er wirkt außerdem antibakteriell und entzündungshemmend, so dass der Tee auch gegen Halsschmerzen und Rachenentzündungen angewandt werden kann. Auch bei Blähungen und Völlegefühl verschafft er Linderung.

Löwenzahn

Auch hier stehen so manchem Gärtner die Haare zu Berge, wenn er an Löwenzahn denkt. Aber das muss nicht sein. Für Insekten ist Löwenzahn ein Paradies und auch zur Herstellung von Sirup und Gelee als Brotaufstrich sind die gelben Blüten eine Pracht. Auch Löwenzahnsalat ist bei dem einen oder anderen beliebt.

Meine Wachtelhennen freuen sich immer sehr über Löwenzahn.

Heilwirkung

Löwenzahn enthält Bitterstoffe, die für verschiedene Erkrankungen Linderung verschaffen. So wurde u.a. eine harntreibende Wirkung nachgewiesen. Auch bei Appetitlosigkeit und Verdauungsbeschwerden mit Völlegefühl und Blähungen kann Löwenzahn helfen. Die frischen jungen Blätter werden auch zu Frühjahrskuren als Salat oder Presssaft verwendet.

Oregano

Heutzutage gibt es kaum eine südländische Kräutermischung ohne Oregano. Das Aroma wird gerne auf Pizza, in Tomatensuppen und zu Fisch genommen. Allerdings schmeckt es auch super zu Bratkartoffeln, Grillfleisch, Rührei und Chili con Carne. Das intensive Kraut findet also in vielerlei Hinsicht seine Anwendung.

Heilwirkung

Neben seiner antibakteriellen und entzündungshemmenden Eigenschaft, wirken auch die im Oregano enthaltenden Bitter- und Gerbstoffe krampflindernd. Deshalb ist Oregano-Tee ein bewährtes Hausmittel gegen Magenschmerzen, Blähungen und Menstruationsbeschwerden.

Pfefferminze

Die verschiedenen Arten der Pfefferminze sind aus unseren Gärten nicht mehr wegzudenken. Sie sind nicht nur dekorativ, sondern verströmen auch einen herrlichen Duft. Pfefferminztee ist als Erfrischungsgetränk verbreitet. Dabei werden frische oder getrocknete Blätter der Pflanze mit heißem Wasser übergossen. Der Geschmack wird durch die ätherischen Öle bestimmt.

Heilwirkung

Wichtigster Wirkstoff ist das ätherische Öl, Flavonoide und andere. Pfefferminze wirkt anregend auf Gallenfluss und Gallensaftproduktion, krampflösend bei Beschwerden im Magen-Darm-Bereich, antimikrobiell und antiviral. Daher wird sie bei Gallenbeschwerden (auch leichteren Gallenkoliken) und „verdorbenem Magen" mit Erfolg eingesetzt. Das ätherische Öl wird auch zum Einreiben bei Migräne, Kopf- und Nervenschmerzen sowie zum Inhalieren bei Erkältungskrankheiten verwendet; hierbei gilt wie für alle stark riechenden ätherischen Öle: Vorsicht bei Säuglingen und Kleinkindern. Darüber hinaus besitzen die Wirkstoffe der Pfefferminze auch einen leicht beruhigenden Effekt. Pfefferminze kommt daher auch in Tees zur Nervenberuhigung und Schlafförderung zum Einsatz.

Ringelblume

Auch die Ringelblume ist aus unseren heimischen Gärten nicht mehr wegzudenken. Sie ist eine schöne Blume. Die Ringelblume wurde früher übrigens auch „falscher Safran" genannt. Bei Ringelblumen können gut die Blütenblätter (frisch oder getrocknet) verwendet werden. Die Blütenmitte schmeckt eher bitter. Die Blütenblätter lassen sich für Tee, Getränke (wie in Eiswürfeln) oder Salate verwenden.

Heilwirkung

Wissenschaftlich belegt ist die positive Wirkung der Garten-Ringelblume bei schlecht heilenden Wunden, bei Verbrennungen und Ekzemen. Nachgewiesen wurden ebenfalls blutfettsenkende, gallenflussanregende und abwehrsteigernde Eigenschaften. Die Blüten der Ringelblume werden für Teeaufgüsse zum Trinken, als Spül- oder Gurgellösung oder zur äußerlichen Anwendung als feuchte Umschläge genutzt.

Rosmarin

Rosmarin ist ein immergrüner, buschig, verzweigter Strauch, der intensiv aromatisch duftet. Rosmarin ist ein wichtiges Gewürz in der mediterranen Küche.

Heilwirkung

Rosmarin regt die Leberzellen an, sodass der Körper besser entgiftet wird. Gleichzeitig entspannt Rosmarin den Darm.

Salbei

Salbei ist ein Heil- und Küchenkraut. Sämtliche Fleisch- und mediterranen Gerichte sowie Soßen und Öle können mit frischen oder getrockneten Blättern verfeinert werden. Salbei-Butter ist eine günstige und leckere Alternative zu Nudelsoße. Doch Vorsicht: Küchen-Salbei ist sehr intensiv im Geschmack und sollte zum Würzen von Speisen nur sparsam verwendet werden.

Heilwirkung

Salbei hilft bei vielen Beschwerden. Er enthält ätherische Öle, Gerb- und Bitterstoffe und Rosmarinsäure. Salbei hat eine antiseptische und krampflösende Wirkung. Salbeitee kann bei Entzündungen im Mund- und Rachenraum und zum Gurgeln bei Halsschmerzen angewendet werden. Der Tee lindert Beschwerden im Magen- und Darmtrakt. Auch Schweißausbrüche können durch den Tee gelindert werden. Salbei-Aufgüsse und -Auflagen helfen bei der Wundheilung und lindern Insektenstiche.

Jedoch Vorsicht!
In dem ätherischen Öl des Echten Salbeis befindet sich das Nervengift Thujon! Deshalb nicht über einen längeren Zeitraum einnehmen.

Thymian

Thymian ist eine Heil- und Gewürzpflanze. Es existieren verschiedene Arten und Sorten. Thymian eignet sich zum Würzen und Verfeinern von Fleisch, Fisch und Soßen und wird vor allem in der mediterranen Küche verwendet.

Heilwirkung

Thymian kann als Tee zum Inhalieren bei Husten und Erkrankungen der oberen Atemwege angewendet werden. Die ätherischen Öle wirken krampf- und schleimlösend. Zum Gurgeln lindert es Entzündungen in Mund und Rachen. Zur äußeren Anwendung hilft es bei Gichtbeschwerden, unreiner Haut, Wunden, Verstauchungen und Ekzemen.

Zitronenmelisse

Auch die Zitronenmelisse ist ein mediterranes Kraut, das sehr lang-
lebig ist. Zitronenmelisse ist in der Küche vielfältig einsetzbar.
Melisse breitet sich gerne unkontrolliert im Garten aus!

Heilwirkung

Melisse wirkt entkrampfend und beruhigend. Melisse wird bei
Herzbeschwerden, Magen-Darm-Leiden, Menstruationsbeschwerden, Schlafstörungen, Unruhezuständen, Kopfschmerzen, Depres-
sionen und Erkältung angewandt.

25

ISBN 978-3-7557-5234-9

Erstveröffentlichung 2020

1. vollständig überarbeitete
Auflage 2021

Wismar-Krimi

Tina Walter lebt und arbeitet in Wismar. Sie betreibt ein kleines Büro in der Wismarer Altstadt mit Büro- und Schreibservice. Während ihrer Kindheit lebte sie ein paar Jahre mit ihren Eltern in Kolumbien.

Nichtsahnend wird Tina durch anonyme Briefe und die Kontaktaufnahme eines Journalisten aus ihrem ruhigen Alltag gerissen. Während der Zeit in Kolumbien war ihr Vater anscheinend in dunkle Geschäfte verstrickt. Aber was wollen diese Menschen jetzt von Tina und warum müssen Menschen sterben? Auf all diese Fragen versucht Tina, Antworten zu finden. Eine Fahrt nach Kolumbien scheint unausweichlich.

ISBN 978-3-7557-6058-0

Erstveröffentlichung 2021

Wismar-Krimi

Eine Serie von Morden erschüttert die sonst so beschaulich wir-
kende Hansestadt Wismar. Fred Förster und sein Team stehen vor
einem Rätsel. Der Täter schickt Fotos der ermordeten Frauen an
Tina Walter. In welchem Zusammenhang steht Frau Walter mit den
Morden. Ist sie Opfer oder Täter und welche Rolle spielt dabei ihr
Lebenspartner Peter Bessen?
Fragen über Fragen, auf die Fred Förster und sein Team Antworten
finden müssen.

ISBN 978-3-7528-5834-1

Erstveröffentlichung 2023

Wismar-Krimi

Der Rechtsanwaltskollege von Rita Sommer, Paul Thomsen, hat Selbstmord begangen. Sie glaubt nicht an seinen Freitod. In den Akten von Paul findet Rita Sommer merkwürdige Aufzeichnungen zu einem umstrittenen Bauvorhaben in Wismar. Was hat dieses Bauvorhaben mit seinem Tod zu tun und was verschweigt Magda, die Witwe des verstorbenen Rechtsanwaltes?
Mit Hilfe von Ingo Jansen, ihrem Rechtsanwaltsgehilfen, stößt Rita auf interessante Informationen.

ISBN 978-3-7597-1290-5

Erstveröffentlichung 2024

Wismar-Krimi

Nach einem Tauchgang von Sven Kaiser und Sören Peters in der Wismarbucht, wird Sören am nächsten Morgen Tod am Strand gefunden. Sven Kaiser wird verdächtigt, seinen Freund getötet zu haben. Rechtsanwältin Rita Sommer übernimmt seine Verteidigung. Sie ist von seiner Unschuld überzeugt, aber Sven Kaiser schweigt und ist nicht kooperativ.

Welches Geheimnis birgt dieser Tauchgang und warum musste Sören sterben?

Rita Sommer gerät während ihrer Ermittlungen selbst in den Fokus des Mörders und traut auch den am Fall beteiligten Kriminalbeamten nicht mehr.

ISBN 978-3-7504-6852-8

Veröffentlichung 2020

Eine Katzengeschichte

Mit zwölf Wochen komme ich in mein neues zu Hause nach Wismar. Dort erwarten mich bereits eine Katze namens Peppels und der Hund Spikey. Besonders Peppels freut sich nicht sehr über meine Ankunft. Aber nachdem ich diese Hürde genommen habe, kann ich endlich mein neues zu Hause intensiv unter die Pfoten nehmen.
Was für ein (Katzen)Paradies. Volle Papierkörbe zum Leeren, unaufgeräumte Schreibtische, Blumentöpfe auf den Fensterbrettern, die da ja nun wirklich nicht hingehören! Sehr viel Arbeit für eine kleine Katze wie mich.
Nun aber los, packen wir`s an ...

ISBN 978-3-7568-6145-3

Veröffentlichung 2023

Kinderbuch

ISBN 978-3-00-074630-7

Veröffentlichung 2023

Bildband mit Tiergeschichten